MW00901570

Word search
Kids Ages 9-12

Word search puzzles for Kids Activity books Ages 9-12 Grade Level 4 5 6 7

This book includes free bonus that are available here:
www.funspace.club
Follow us: facebook.com/funspaceclub

Introduction

This puzzle book contain English words for kids 9 - 12 years olds. Words are hidden in the puzzle area in straight, unbroken lines forward, up, down. Words can overlap and cross each other. After you find a word, circle them in puzzle area and then mark it of the list.

See more great books for kids at

www.funspace.club

Follow us : facebook.com/funspaceclub

MATH

```
H D I M E N S I O N S D
N O N Q D L I N E A R R
G C Z D I S C O U N T A
D I V I D E N D O J Y D
N U M E R A T O R O K I
F A C T O R S F A C E U
T W E I G H T C U B E S
D I G I T M E D I A N E
```

FACTORS   DIMENSIONS   MEDIAN
WEIGHT   NUMERATOR   DIGIT
RADIUS   DISCOUNT   FACE
LINEAR   DIVIDEND   CUBE

GARDEN

```
Z  C  L  I  M  A  T  E  J  T  Y  P
L  V  O  I  N  S  E  C  T  S  M  O
E  C  A  R  W  A  R  M  T  H  U  T
G  I  R  R  I  G  A  T  I  O  N  S
U  V  I  N  E  Y  A  R  D  Y  X  Q
M  W  E  A  T  H  E  R  P  Q  Q  J
E  V  P  L  A  N  T  E  R  I  W  F
L  A  W  N  W  W  A  T  E  R  L  D
```

INSECTS	CLAY	VINEYARD
IRRIGATION	CLIMATE	PLANTER
LAWN	WARMTH	WATER
POTS	LEGUME	WEATHER

SPORTS

```
H  S  C  S  E  G  A  M  E  R  I  D
O  P  Y  B  A  T  T  I  N  G  J  S
M  O  O  G  C  Y  C  L  I  N  G  Q
E  R  Q  Y  G  E  A  R  E  J  N  U
G  T  N  O  U  T  C  O  A  C  H  A
P  A  R  A  S  A  I  L  I  N  G  S
J  B  A  S  E  I  H  H  T  L  N  H
W  X  B  I  C  Y  C  L  E  E  K  C
```

BASE	PARASAILING	SQUASH
GEAR	CYCLING	COACH
HOME	BATTING	SPORT
OUT	BICYCLE	GAME

ADJECTIVES

```
S  F  N  G  Y  W  Y  E  J  P  P  S
L  P  A  R  A  L  L  E  L  E  L  U  U  M
O  S  L  U  S  H  Y  S  R  S  Z  A
W  B  R  U  S  T  Y  A  K  H  Z  L
I  B  R  U  R  A  L  D  K  Y  L  L
M  B  T  Y  P  U  R  P  L  E  E  N
P  A  S  S  I  O  N  A  T  E  D  D
D  D  P  A  R  T  I  A  L  A  Z  H
```

RUSTY	PASSIONATE	SLUSHY
RURAL	PARALLEL	PURPLE
SLOW	PARTIAL	SMALL
SAD	PUZZLED	PUSHY

ASTRONOMY

S	P	U	T	N	I	K	A	S	U	N	H
O	C	E	L	E	S	T	I	A	L	C	E
L	S	B	C	R	A	T	E	R	N	U	L
A	T	P	O	G	R	A	V	I	T	Y	I
R	A	L	J	U	P	I	T	E	R	E	U
W	R	A	D	I	A	N	T	D	G	S	M
A	V	X	I	I	M	E	T	E	O	R	F
O	Q	A	S	T	R	O	N	O	M	Y	F

HELIUM   CELESTIAL   SPUTNIK

SOLAR   ASTRONOMY   GRAVITY

STAR   RADIANT   METEOR

SUN   JUPITER   CRATER

```
D I N I N G C O U C H S
S R E S I D E G W C J A
H O M E S I T T I N G B
T I A U N T R B F M Q O
O H O M E O W N E R S D
W I B U N G A L O W L E
N U A I N T E R I O R G
B T K R E S I D E N T H
```

COUCH   HOMESITTING   INTERIOR

WIFE   HOMEOWNER   DINING

AUNT   BUNGALOW   RESIDE

TOWN   RESIDENT   ABODE

Bodies of Water

```
N  S  T  R  E  A  M  N  J  J  N  H  H
A  P  U  D  D  L  E  I  C  F  A  X
R  E  S  W  A  M  P  O  R  T  R  C
R  T  R  I  B  U  T  A  R  Y  B  B
O  S  U  R  F  H  P  O  N  D  O  M
W  U  O  A  S  I  S  Y  Q  P  R  A
S  W  A  T  E  R  W  A  Y  I  Y  M
W  A  T  E  R  S  H  E  D  T  G  W
```

OASIS	WATERSHED	HARBOR
POND	TRIBUTARY	PUDDLE
PORT	WATERWAY	STREAM
SURF	NARROWS	SWAMP

AniMals

E	E	L	E	I	W	E	L	K	V	P	F
X	D	R	A	G	O	N	F	L	Y	X	I
X	F	E	G	G	F	A	L	C	O	N	R
X	U	I	L	A	E	G	R	E	T	A	E
V	G	S	E	C	Y	I	D	U	C	K	F
E	L	E	P	H	A	N	T	O	K	G	L
N	F	E	A	R	T	H	W	O	R	M	Y
D	U	G	O	N	G	L	T	U	A	A	X

DUCK   DRAGONFLY   DUGONG

EEL   EARTHWORM   FALCON

EGG   ELEPHANT   EGRET

ELK   FIREFLY   EAGLE

SCHOOL

```
I   N   T   E   L   L   I   G   E   N   T   X
H   I   G   H   L   I   G   H   T   E   R   C
B   L   A   C   K   B   O   A   R   D   Q   H
O   M   P   R   I   N   C   I   P   A   L   A
O   W   K   E   Y   B   O   A   R   D   X   L
K   P   A   S   T   E   A   T   L   A   S   K
W   H   D   L   I   B   R   A   R   Y   E   R
G   E   N   P   R   I   N   T   E   R   D   S
```

HIGHLIGHTER   ATLAS   PASTE

INTELLIGENT   BLACKBOARD   PRINCIPAL

KEYBOARD   BOOK   PRINTER

LIBRARY   CHALK   QUIZ

COUNTRY

```
J  E  C  U  A  D  O  R  I  C  J  R
O  E  A  S  T  T  I  M  O  R  I  U
S  R  V  I  S  R  A  E  L  D  T  S
E  L  S  A  L  V  A  D  O  R  A  S
P  O  R  T  U  G  A  L  B  Z  L  I
K  K  T  Q  E  G  Y  P  T  Z  Y  A
I  R  E  L  A  N  D  I  R  A  N  T
Q  A  T  A  R  O  M  A  N  I  A  T
```

ITALY	EL SALVADOR	IRELAND
QATAR	EAST TIMOR	ECUADOR
EGYPT	PORTUGAL	RUSSIA
IRAN	ROMANIA	ISRAEL

MATH

```
M I N I M U M D A T A F
P H R X U N K N O W N O
L A D D I T I O N U T R
A X D I V I S I O N Z M
N H Q U A D R U P L E U
E U V O B T U S E T R L
H I S T O G R A M J O A
P M U L T I P L E X O Q
```

OBTUSE	QUADRUPLE	DIVISION
PLANE	HISTOGRAM	MINIMUM
ZERO	ADDITION	UNKNOWN
DATA	MULTIPLE	FORMULA

GARDEN

E	H	S	B	L	O	O	M	I	N	G	I
S	U	P	P	L	Y	T	R	U	N	K	P
B	V	I	N	E	P	E	S	T	S	P	E
L	E	A	F	D	G	A	R	D	E	N	T
R	R	G	B	I	E	N	N	I	A	L	A
F	E	R	T	I	L	I	Z	E	R	Q	L
A	N	S	P	R	I	N	K	L	E	R	S
F	F	L	O	W	E	R	I	N	G	M	Z

INVERT	ISOSCELES	SCALENE
EVEN	INTEGERS	SPHERE
FACE	EXPONENT	FACTOR
SUM	ESTIMATE	SQUARE

PAGE 12

SPORTS

```
Z  R  U  N  C  A  T  C  H  E  R  H
X  T  A  R  G  E  T  C  U  E  J  O
W  I  N  D  S  U  R  F  E  R  U  C
C  O  A  C  H  E  L  M  E  T  M  K
M  N  H  I  T  T  E  R  Q  F  P  E
V  A  U  L  T  I  N  G  K  L  E  Y
N  Y  S  K  E  L  E  T  O  N  R  C
H  O  M  E  L  E  A  G  U  E  P  V
```

TARGET	WINDSURFER	HOCKEY
JUMPER	SKELETON	HELMET
COACH	VAULTING	HITTER
HOME	CATCHER	LEAGUE

ADJECTIVES

S T U D I O U S Z Q R M

P R O F I T A B L E O S

R S K E L E T A L X U T

O F S T U N N I N G G U

U N A P R O F U S E H P

N P R O D U C T I V E I

D S I Z Z L I N G F W D

S I N G L E R O W D Y B

SINGLE   PRODUCTIVE   SKELETAL

ROUND   PROFITABLE   STUDIOUS

ROUGH   SIZZLING   PROFUSE

ROWDY   STUNNING   STUPID

ASTRONOMY

```
C O S M O S V E N U S B
H Q G M J U P I T E R D
E C E L E S T I A L Z M
L L D L P H A S E M G A
I X C O R O N A I F I R
U S T A R Z E N I T H S
M S U P E R N O V A I G
O B D E C L I P T I C E
```

PHASE	CELESTIAL	COSMOS
VENUS	SUPERNOVA	CORONA
MARS	ECLIPTIC	ZENITH
STAR	JUPITER	HELIUM

```
H  O  M  E  T  O  W  N  L  I  Z  I  I
H  V  A  C  A  T  I  O  N  R  S  C
L  M  F  V  I  L  L  A  G  E  T  O
E  O  J  O  G  D  E  N  U  C  A  U
A  M  A  C  U  R  T  A  I  N  Y  P
V  B  A  C  K  Y  A  R  D  Y  E  L
E  B  U  I  L  D  I  N  G  S  D  E
R  E  S  I  D  E  N  T  I  A  L  S
```

COUPLE	RESIDENTIAL	HOMETOWN
LEAVE	BUILDING	CURTAIN
DEN	BACKYARD	VILLAGE
MOM	VACATION	STAYED

Bodies of wAter

U	L	K	C	I	S	L	E	T	I	O	Y
F	A	I	S	P	R	I	N	G	S	Z	B
S	K	N	O	A	S	I	S	X	E	K	E
H	E	I	B	A	Y	E	O	N	A	E	N
G	U	L	F	C	G	E	Y	S	E	R	D
R	I	V	E	R	B	E	D	F	G	A	X
T	R	I	B	U	T	A	R	Y	B	V	Z
M	S	H	A	L	L	O	W	S	K	J	Z

GULF   TRIBUTARY   GEYSER

LAKE   SHALLOWS   ISLET

SEA   RIVERBED   OASIS

BAY   SPRING   BEND

AniMals

S	G	S	R	S	B	B	B	Z	N	Y	G
C	O	H	D	C	P	U	O	R	G	S	I
A	L	R	H	O	S	F	B	D	O	H	R
L	D	I	A	R	H	F	C	B	O	E	A
L	F	M	W	P	A	A	A	U	S	E	F
O	I	P	K	I	R	L	T	G	E	P	F
P	S	N	V	O	K	O	Y	Q	V	L	E
P	H	B	J	N	I	J	U	E	L	S	X

SHARK	GOLDFISH	GIRAFFE
SHEEP	SCORPION	SHRIMP
HAWK	BUFFALO	BOBCAT
BUG	SCALLOP	GOOSE

SCHOOL

P	A	D	V	X	P	A	S	T	E	P	A
P	A	P	E	R	A	T	L	A	S	A	N
V	F	N	O	T	E	B	O	O	K	G	S
P	P	G	L	U	E	S	T	I	C	K	W
A	S	S	I	G	N	M	E	N	T	Y	E
E	G	Y	M	G	R	A	D	E	S	C	R
H	I	G	H	L	I	G	H	T	E	R	J
A	R	I	T	H	M	E	T	I	C	I	O

PAPER   HIGHLIGHTER   NOTEBOOK

PASTE   ARITHMETIC   GRADES

PAD   GLUE STICK   ANSWER

GYM   ASSIGNMENT   ATLAS

COUNTRY

```
G U S E N E G A L H F S
A G E R M A N Y N H R E
B Z N A G E O R G I A R
O K E N Y A A U L S N B
N K U W A I T R A J C I
C F I N L A N D O X E A
K I R I B A T I S H O N
Y S E Y C H E L L E S B
```

FRANCE   SEYCHELLES   GERMANY

GABON   KIRIBATI   SENEGAL

KENYA   FINLAND   KUWAIT

LAOS   GEORGIA   SERBIA

MATH

P	S	I	H	A	H	U	D	H	F	P	C
A	P	N	C	I	E	X	I	O	L	E	A
R	H	V	N	B	P	D	P	F	I	R	P
T	E	E	R	A	T	I	O	A	T	C	A
I	R	R	R	S	A	J	Y	C	E	E	C
A	E	T	T	E	G	O	H	E	R	N	I
L	B	K	I	L	O	G	R	A	M	T	T
H	T	S	X	Z	N	C	E	V	E	N	Y

PARTIAL	HEPTAGON	LITER
SPHERE	CAPACITY	FACE
INVERT	KILOGRAM	EVEN
RATIO	PERCENT	BASE

PAGE 21

GARDEN

S	A	N	D	F	C	O	B	H	D	O	D
A	N	T	H	E	R	L	Z	B	E	R	R
A	N	T	S	Z	N	V	K	U	V	G	A
M	S	E	A	S	O	N	A	L	E	A	I
D	I	S	P	E	R	S	E	B	L	N	N
X	K	G	R	A	K	E	J	S	O	I	A
D	R	T	O	O	L	S	E	U	P	C	G
N	L	K	E	X	G	R	A	S	S	Y	E

TOOLS	DRAINAGE	ORGANIC
ANTS	DISPERSE	GRASSY
SAND	SEASONAL	ANTHER
RAKE	DEVELOP	BULBS

SPORTS

C	B	A	U	C	J	F	J	R	K	V	B
A	S	G	Y	U	U	R	G	I	N	A	O
T	K	T	A	E	M	U	V	D	E	U	Y
C	A	A	B	W	P	N	Y	E	E	L	R
H	T	G	R	I	E	M	O	T	P	T	C
E	E	U	X	N	R	S	V	Z	A	I	E
R	U	K	A	Y	A	K	E	R	D	N	X
L	N	S	C	O	R	E	F	E	S	G	P

WIN   KNEEPADS   JUMPER

RUN   VAULTING   SCORE

CUE   KAYAKER   SKATE

TAG   CATCHER   RIDE

ADJECTIVES

```
T  T  S  S  T  I  R  E  D  Y  L  K
L  O  I  T  S  Q  C  T  Y  J  I  E
J  R  C  O  H  S  I  L  E  N  T  S
N  N  K  R  Y  S  T  I  F  F  W  I
S  T  I  M  U  L  A  T  I  N  G  L
M  B  R  Y  B  T  O  T  A  L  Z  K
N  S  T  I  N  G  Y  U  X  M  E  Y
M  U  U  T  O  U  G  H  L  Z  O  H
```

STIFF	STIMULATING	TOTAL
TORN	STINGY	SILKY
SICK	STORMY	TIRED
SHY	SILENT	TOUGH

ASTRONOMY

```
E  O  L  Z  O  D  I  A  C  P  C  C
O  S  U  N  S  P  O  T  F  W  O  L
T  E  L  E  S  C  O  P  E  R  S  U
D  C  E  L  E  S  T  I  A  L  M  S
I  D  J  S  A  T  U  R  N  G  O  T
W  A  V  E  L  E  N  G  T  H  S  E
E  U  X  B  R  E  V  O  L  V  E  R
C  O  R  O  N  A  V  E  N  U  S  V
```

CORONA	CELESTIAL	CLUSTER
WAVELENGTH	COSMOS	VENUS
REVOLVE	SUNSPOT	TELESCOPE
ZODIAC	RINGS	SATURN

HOME

```
Y  A  C  C  O  N  J  U  G  A  L  W
E  M  N  C  U  R  T  A  I  N  R  I
W  O  M  B  A  S  E  M  E  N  T  N
Z  W  C  U  L  D  E  S  A  C  I  D
D  A  U  G  H  T  E  R  S  I  R  O
C  O  U  C  H  L  E  A  V  E  H  W
B  E  D  C  H  A  M  B  E  R  G  O
C  A  B  I  N  S  A  T  T  I  C  W
```

BEDCHAMBER   ATTIC   BASEMENT
CONJUGAL   CABIN   CONDO
CURTAIN   COUCH   CULDESAC
DAUGHTERS   LEAVE   WINDOW

Bodies of Water

```
W  P  T  S  H  A  L  L  O  W  S  I
E  O  S  P  R  I  N  G  U  O  E  S
T  R  Q  S  L  A  G  O  O  N  S  L
L  T  N  A  R  R  O  W  S  U  U  A
A  W  A  T  E  R  F  A  L  L  R  N
N  S  R  N  J  M  L  P  M  D  F  D
D  R  O  A  S  I  S  S  V  M  X  N
Q  P  U  D  S  H  O  R  E  E  F  H
```

SHORE   WATERFALL   LAGOON

REEF   SHALLOWS   SPRING

PORT   NARROWS   ISLAND

SURF   WETLAND   OASIS

AniMals

```
J F G C H I P M U N K C
C O D Y C R A B C O W R
C L O W N F I S H Y D A
C O Y O T E C O B R A Y
C G C L A M G Y W F H F
N C H I H U A H U A S I
N C O C K A T O O I A S
B C H I M P A N Z E E H
```

CLAM	CHIMPANZEE	CRAYFISH
CRAB	CLOWNFISH	CHIPMUNK
COD	CHIHUAHUA	COYOTE
COW	COCKATOO	COBRA

SCHOOL

```
C  D  K  P  Q  W  S  B  Q  R  L  X
L  Q  K  H  Y  M  A  P  U  E  I  R
I  R  U  L  E  R  Q  A  I  A  B  E
P  X  C  H  A  L  K  Z  Z  D  R  C
W  M  L  U  N  C  H  U  K  I  A  E
C  L  A  S  S  R  O  O  M  N  R  S
S  M  A  R  K  E  R  S  S  G  Y  S
M  A  T  C  O  L  O  R  Z  X  O  S
```

CHALK   CLASSROOM   RECESS
QUIZ   MARKERS   COLOR
CLIP   LIBRARY   RULER
MAP   READING   LUNCH

COUNTRY

```
I  A  O  B  A  H  A  M  A  S  E  B
N  V  E  N  E  Z  U  E  L  A  S  A
D  I  N  D  O  N  E  S  I  A  T  H
I  U  C  A  N  A  D  A  X  I  O  R
A  I  P  O  L  A  N  D  J  H  N  A
E  T  H  I  O  P  I  A  A  Q  I  I
K  U  D  J  I  B  O  U  T  I  A  N
F  I  N  L  A  N  D  F  I  J  I  V
```

CANADA	VENEZUELA	ESTONIA
POLAND	INDONESIA	BAHRAIN
INDIA	ETHIOPIA	FINLAND
FIJI	DJIBOUTI	BAHAMAS

MATH

```
X  C  O  K  G  R  A  P  H  S  K  P
C  H  E  I  G  H  T  J  Y  P  A  R
W  C  O  M  M  I  S  S  I  O  N  I
E  I  X  R  A  T  I  O  S  G  G  M
O  C  T  A  G  O  N  R  A  Y  L  E
L  I  N  E  B  U  U  N  I  T  E  C
M  H  E  P  T  A  G  O  N  T  N  U
W  I  D  I  V  I  S  O  R  F  D  I
```

PRIME	COMMISSION	HEIGHT
UNIT	HEPTAGON	RATIO
LINE	OCTAGON	ANGLE
RAY	DIVISOR	GRAPH

```
T  F  R  S  E  A  W  E  E  D  U  J
R  X  T  S  E  D  I  M  E  N  T  A
E  D  I  B  L  E  G  R  O  V  E  R
E  E  G  R  O  U  N  D  J  H  T  O
S  B  S  H  E  R  O  S  I  O  N  M
B  U  T  T  E  R  F  L  I  E  S  A
Q  O  W  E  C  O  L  O  G  Y  J  C
T  R  A  C  T  O  R  C  A  R  T  R
```

AROMA	BUTTERFLIES	TRACTOR
TREES	SEDIMENT	SEAWEED
GROVE	ECOLOGY	GROUND
CART	EROSION	EDIBLE

SPORTS

```
J K A Y A K S G P H Y X
U S R E L A Y C L U B B
M V A U L T E R T R Y R
P Y G N S A I L I N G U
W A T E R S K I I N G G
R I N K B O W L E R G B
J K K I C K B A L L Z Y
Q C R I C K E T I W H Y
```

RUGBY	WATERSKIING	SAILING
JUMP	KICKBALL	BOWLER
CLUB	CRICKET	RELAY
RINK	VAULTER	KAYAK

ADJECTIVES

```
L H O W E A L T H Y O W
A W T I M E L Y S I B A
W A T E R Y S T E E L V
T T H U N D E R O U S Y
I B Z S T A R R Y S W X
D T I G H T R W E A K H
Y G G S T A N D A R D H
A S T A R C H Y P E R L
```

STEEL	THUNDEROUS	TIMELY
WAVY	STANDARD	STARRY
TIDY	STARCHY	WATERY
WEAK	WEALTHY	TIGHT

ASTRONOMY

```
H  A  E  S  U  R  A  N  U  S  F  V
R  I  C  P  D  L  O  R  B  I  T  A
G  A  L  A  X  Y  N  H  S  U  N  C
N  W  I  C  F  L  U  N  A  R  O  U
T  M  P  E  M  X  C  O  M  E  T  U
O  B  S  E  R  V  A  T  O  R  Y  M
Q  T  E  T  I  P  L  U  T  O  U  S
F  H  Y  P  E  R  N  O  V  A  M  L
```

LUNAR	OBSERVATORY	URANUS
COMET	HYPERNOVA	GALAXY
SPACE	ECLIPSE	ORBIT
SUN	VACUUM	PLUTO

```
H O M E C A R E N D G O
M P A T I O P L A T E R
O L O O K I N G T K P I
V G A T E H O U S E A G
E B R E L A T I V E S I
D H O M E L A N D D H N
K K F A M I L Y M R J L
X N E I G H B O R S Y X
```

LOOKING   FAMILY   NEIGHBORS

RELATIVES   GATEHOUSE   ORIGIN

PORCH   PLATE   HOMECARE

PATIO   HOMELAND   MOVED

Bodies of Water

```
W A T E R S H E D W I P
S E A S E A S H O R E O
T K G S R I V E R X O N
R C T R I V E R B E D D
E J I S L E T A U I Z C
A P U D D L E J S O S V
M W K L M S W A M P M V
I C E B E R G L A K E Q
```

ISLET   WATERSHED   PUDDLE
LAKE   RIVERBED   STREAM
POND   SEASHORE   RIVER
SEA   ICEBERG   SWAMP

AniMals

```
M I C E F M A M M A M M A L L
U L L A M A L A R V A A
E W B M A M M O T H E B
M A R M O S E T M I V R
M O C K I N G B I R D A
V V M A N T I S P E Z D
J Q Z L E M U R B C Y O
Z L I Z A R D L I O N R
```

LARVA   MOCKINGBIRD   MAMMAL

LEMUR   LABRADOR   MANTIS

LION   MARMOSET   LIZARD

MICE   MAMMOTH   LLAMA

SCHOOL

B	O	O	K	E	Y	B	O	A	R	D	B
P	R	I	N	T	E	R	F	I	L	E	O
S	M	A	R	T	F	O	L	D	E	R	O
D	I	C	T	I	O	N	A	R	Y	J	K
Q	X	L	A	N	G	U	A	G	E	C	C
E	Q	S	T	A	P	L	E	E	R	J	A
D	I	V	I	D	E	R	S	C	D	J	S
P	R	O	J	E	C	T	D	G	Z	R	E

STAPLE   DICTIONARY   LANGUAGE

SMART   KEYBOARD   PROJECT

FILE   BOOKCASE   PRINTER

BOOK   DIVIDERS   FOLDER

COUNTRY

```
D U S U R I N A M E B A
B D L N A M I B I A N S
K M I C R O N E S I A W
S W A Z I L A N D M U E
X H D M O N A C O I R D
X D H L M E X I C O U E
N P E G Y P T T T X Y N
G M O L D O V A L P S U
```

SURINAME	SUDAN	MEXICO
MOLDOVA	MICRONESIA	SWAZILAND
NAMIBIA	SWEDEN	MONACO
EGYPT	NAURU	NEPAL

MATH

```
Z  E  E  X  P  O  N  E  N  T  S  W
E  I  S  O  S  C  E  L  E  S  Q  E
R  Q  X  A  T  D  I  G  I  T  U  I
O  Y  C  H  E  I  G  H  T  H  A  G
L  D  B  E  V  O  L  U  M  E  R  H
P  E  N  T  A  G  O  N  R  A  E  T
Y  V  R  A  Y  B  I  S  E  C  T  Y
D  E  N  O  M  I  N  A  T  O  R  G
```

SQUARE   DENOMINATOR   VOLUME
DIGIT   ISOSCELES   WEIGHT
ZERO   PENTAGON   HEIGHT
RAY   EXPONENT   BISECT

GARDEN

```
H  F  X  F  A  R  M  I  N  G  O  O
Z  B  B  E  A  U  T  I  F  U  L  S
B  A  E  L  A  D  Y  B  U  G  S  E
B  M  O  A  B  E  A  U  T  Y  X  E
E  B  V  A  R  I  A  T  I  O  N  D
E  O  E  X  P  O  S  U  R  E  S  S
S  O  V  A  R  I  E  T  Y  J  T  N
H  O  O  A  S  I  S  H  O  S  E  I
```

OASIS	BEAUTIFUL	VARIETY
SEEDS	VARIATION	FARMING
BEES	EXPOSURE	BAMBOO
HOSE	LADYBUGS	BEAUTY

SPORTS

```
V  G  Y  M  N  A  S  T  I  C  S  G
S  K  A  T  E  R  A  C  I  N  G  O
A  I  C  S  L  U  C  U  E  Q  G  L
V  A  U  L  T  I  N  G  V  J  Z  F
D  B  O  O  M  E  R  A  N  G  B  I
I  T  R  U  N  P  L  A  Y  E  R  N
W  I  N  L  J  U  M  P  E  R  N  G
S  U  R  F  E  R  F  D  O  P  M  R
```

SKATE	GYMNASTICS	PLAYER
WIN	BOOMERANG	RACING
CUE	VAULTING	JUMPER
RUN	GOLFING	SURFER

ADJECTIVES

T	O	O	L	P	S	D	K	N	A	H	S
W	S	B	P	L	P	R	R	R	L	R	O	E
J	E	L	B	U	E	I	I	A	E	B	L
I	C	O	S	S	E	G	G	T	C	E	F
B	R	N	E	H	D	I	H	E	E	S	I
O	E	G	Z	N	Y	D	T	R	N	E	S
H	T	P	O	I	N	T	E	D	T	F	H
Q	G	C	L	A	W	F	U	L	Z	E	G

TARGET   WINDSURFER   HOCKEY

JUMPER   SKELETON   HELMET

COACH   VAULTING   HITTER

HOME   CATCHER   LEAGUE

ASTRONOMY

```
C E H P H A S E U I N J
R U P L U T O C U E S U
A T E L E S C O P E O P
T I C E L E S T I A L I
E S U N S P O T R N A T
R X O R B I T D A Y R E
W H I P L A N E T H I R
O B S E R V A T O R Y C
```

ORBIT   OBSERVATORY   JUPITER

PHASE   CELESTIAL   PLANET

PLUTO   TELESCOPE   CRATER

DAY   SUNSPOT   SOLAR

```
L  G  S  H  E  L  T  E  R  U  I  H
J  K  I  T  C  H  E  N  I  D  D  O
U  R  R  E  S  I  D  E  N  C  E  U
T  E  R  R  A  C  E  Z  H  X  N  S
F  A  M  I  L  Y  R  A  N  C  H  I
G  G  U  E  S  T  H  O  U  S  E  N
O  R  I  G  I  N  N  B  M  O  M  G
L  H  M  N  Z  G  A  R  A  G  E  J
```

FAMILY	GUESTHOUSE	KITCHEN
RANCH	RESIDENCE	TERRACE
MOM	HOUSING	ORIGIN
DEN	SHELTER	GARAGE

Bodies of Water

```
C   B   A   Y   J   B   R   O   O   K   A   C
H   A   R   B   O   R   B   E   N   D   K   H
B   A   S   I   N   G   V   P   W   A   B   A
L   A   G   O   O   N   O   G   N   W   A   N
Z   S   G   L   A   C   I   E   R   A   Y   N
R   X   H   R   I   V   E   R   D   S   O   E
Q   W   T   Q   R   V   P   W   I   H   U   L
T   M   N   E   C   K   N   Z   V   P   H   N
```

NECK	GLACIER	RIVER
WASH	CHANNEL	BAYOU
BEND	LAGOON	BASIN
BAY	HARBOR	BROOK

AniMals

```
T E R R I E R V H G T S
F J S T O R K S E W O T
K C X T I C K Q N L A I
S W N T E R M I T E D N
T O R T O I S E D Q F G
H T I G E R S W A N M R
E G F S T A R F I S H A
T A R A N T U L A D H Y
```

TOAD	TARANTULA	TERRIER
TICK	TORTOISE	TERMITE
SWAN	STINGRAY	TIGER
HEN	STARFISH	STORK

SCHOOL

```
B  O  O  K  C  R  A  Y  O  N  S  Z
Q  V  J  P  A  P  E  R  I  X  E  P
E  N  C  Y  C  L  O  P  E  D  I  A
G  I  N  K  B  I  N  D  E  R  T  S
P  M  K  E  Y  B  O  A  R  D  P  T
D  I  V  I  D  E  R  S  X  K  E  E
X  J  B  A  L  L  P  E  N  I  N  G
M  Q  H  O  M  E  W  O  R  K  S  B
```

PASTE	ENCYCLOPEDIA	BALLPEN
BOOK	DIVIDERS	CRAYONS
INK	KEYBOARD	BINDER
PEN	HOMEWORK	PAPER

COUNTRY

```
Y E L S A L V A D O R B
M A D A G A S C A R L U
P S I N G A P O R E A R
A E R I T R E A R H T M
Z S R B U R U N D I V A
R W A N D A L A O S I E
G B E L I Z E I R R A H
I T A L Y R U S S I A A
```

RUSSIA   EL SALVADOR   ERITREA

BURMA   MADAGASCAR   BELIZE

ITALY   SINGAPORE   RWANDA

LAOS   BURUNDI   LATVIA

MATH

```
Q  R  Q  L  I  F  F  D  S  P  O  C
U  A  U  I  M  R  I  E  P  Z  E  U
A  T  O  T  E  A  G  C  P  M  G  R
D  I  T  E  T  C  U  I  O  I  R  R
R  O  I  R  E  T  R  M  I  N  M  E
A  L  E  W  R  I  E  A  N  U  R  N
N  O  N  J  H  O  B  L  T  S  A  C
T  P  T  M  N  N  O  C  O  N  E  Y
```

MINUS	QUOTIENT	DECIMAL
METER	FRACTION	FIGURE
POINT	CURRENCY	LITER
CONE	QUADRANT	RATIO

GARDEN

L	N	U	R	T	U	R	E	L	M	Q	P
A	Z	T	Q	M	S	P	R	O	U	T	O
W	O	P	E	S	T	I	C	I	D	E	L
N	N	W	Z	F	E	N	C	I	N	G	L
H	E	P	J	S	O	I	L	W	V	F	E
C	F	I	L	T	E	R	I	N	G	K	N
M	P	R	U	N	E	H	U	M	U	S	D
L	B	E	E	T	L	E	S	A	D	T	H

INVERT	ISOSCELES	SCALENE
EVEN	INTEGERS	SPHERE
FACE	EXPONENT	FACTOR
SUM	ESTIMATE	SQUARE

SPORTS

```
U D A R T B O A R D R D J L
B O W L E R U O X J U C
C A T C H E R M H U M R
J O S S O C C E R M P U
U V A U L T I N G P E G
D L D E F E N S E V R B
O S O F T B A L L V Q Y
K S N O W B O A R D N T
```

BOWLER   SNOWBOARD   CATCHER

RUGBY   DARTBOARD   DEFENSE

JUDO   VAULTING   JUMPER

JUMP   SOFTBALL   SOCCER

ADJECTIVES

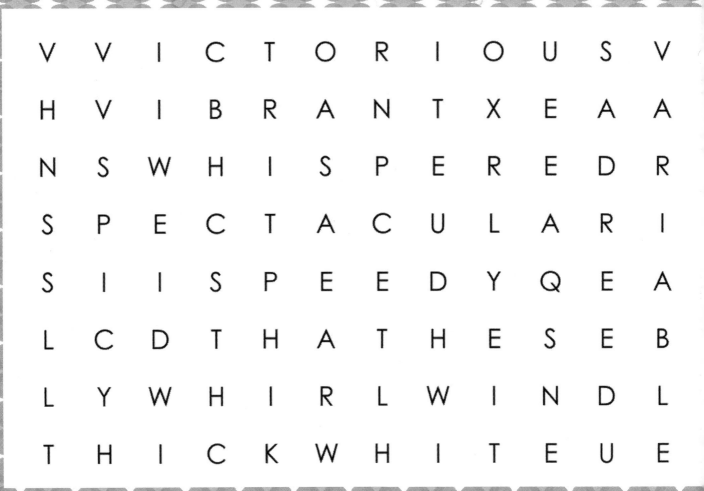

```
V V I C T O R I O U S V
H V I B R A N T X E A A
N S W H I S P E R E D R
S P E C T A C U L A R I
S I I S P E E D Y Q E A
L C D T H A T H E S E B
L Y W H I R L W I N D L
T H I C K W H I T E U E
```

THESE	SPECTACULAR	VARIABLE
SPICY	VICTORIOUS	VIBRANT
THICK	WHIRLWIND	SPEEDY
THAT	WHISPERED	WHITE

ASTRONOMY

```
O  X  R  A  D  I  A  T  I  O  N  T
N  R  E  V  O  L  V  E  E  D  H  R
G  R  A  V  I  T  A  T  I  O  N  A
E  C  L  I  P  T  I  C  Q  R  K  N
E  Q  S  T  A  R  L  I  G  H  T  S
T  O  T  A  L  I  T  Y  E  G  D  I
L  M  E  T  E  O  R  O  I  D  U  T
Q  M  E  T  E  O  R  I  T  E  K  Y
```

ECLIPTIC	TOTALITY	METEORITE
RADIATION	FLARE	TRANSIT
METEOROID	REVOLVE	SPACE
STARLIGHT	MARS	GRAVITATION

S	Z	Z	N	S	H	E	L	T	E	R	B
T	M	H	I	B	P	S	T	A	Y	S	M
A	J	M	O	T	H	E	R	Q	L	U	O
Y	O	C	C	U	P	A	N	T	N	B	V
E	M	O	M	F	R	F	F	D	E	U	E
D	D	W	S	V	S	P	O	T	S	R	D
R	E	S	T	Q	P	F	D	G	T	B	A
L	E	A	V	E	X	E	N	P	Y	Q	Q

SPOT   OCCUPANT   MOTHER

STAY   SHELTER   LEAVE

REST   STAYED   MOVED

MOM   SUBURB   NEST

Bodies of Water

```
F  H  C  H  A  N  N  E  L  Y  E  O
A  O  J  C  R  E  E  K  I  Q  L  C
L  A  B  E  N  D  B  A  Y  C  A  E
L  S  V  G  E  Y  S  E  R  O  G  A
S  I  G  M  R  K  F  P  I  V  O  N
R  S  T  B  R  O  O  K  W  E  O  K
Y  Q  G  L  A  C  I  E  R  L  N  J
Z  X  Z  J  Z  T  O  Z  K  R  Q  P
```

FALLS	CHANNEL	OASIS
BEND	GLACIER	OCEAN
COVE	LAGOON	CREEK
BAY	GEYSER	BROOK

AniMals

```
W  O  O  D  P  E  C  K  E  R  R  V
D  D  U  B  U  L  L  F  R  O  G  U
R  S  I  L  V  E  R  F  I  S  H  L
B  U  M  B  L  E  B  E  E  B  S  T
T  U  R  T  L  E  W  H  A  L  E  U
Y  W  O  L  V  E  R  I  N  E  H  R
S  Q  U  I  R  R  E  L  N  X  I  E
G  I  S  K  I  P  P  E  R  C  J  B
```

WHALE	TURTLE	VULTURE
WOODPECKER	WOLF	WOLVERINE
SPINY	SILVERFISH	SKIPPER
BUMBLEBEE	SQUIRREL	BULLFROG

SCHOOL

Q	T	S	B	L	E	S	S	O	N	U	R
L	C	A	L	C	U	L	A	T	O	R	E
E	K	C	A	L	E	N	D	A	R	B	A
A	O	J	L	I	B	R	A	R	Y	I	D
R	C	H	A	L	K	Q	U	I	Z	H	I
N	S	C	L	A	S	S	R	O	O	M	N
E	X	A	M	I	N	A	T	I	O	N	G
T	H	E	S	A	U	R	U	S	Q	W	E

CHALK   EXAMINATION   CALENDAR

LEARN   CALCULATOR   READING

EXAM   THESAURUS   LIBRARY

QUIZ   CLASSROOM   LESSON

COUNTRY

```
S  B  R  U  N  E  I  K  N  N  J  J
E  L  Y  Q  J  A  M  A  I  C  A  U
R  C  A  P  E  V  E  R  D  E  P  G
B  F  R  A  N  C  E  O  H  D  A  A
I  K  E  N  Y  A  G  A  B  O  N  N
A  U  K  R  A  I  N  E  R  B  R  D
O  M  A  U  R  I  T  A  N  I  A  A
Z  B  R  A  Z  I  L  G  S  L  O  I
```

FRANCE	CAPE VERDE	BRUNEI
KENYA	MAURITANIA	SERBIA
JAPAN	UKRAINE	BRAZIL
GABON	JAMAICA	UGANDA

MATH

```
S  I  N  V  E  R  T  F  A  C  E  K
U  R  S  P  H  E  R  E  E  V  E  N  F
M  C  U  B  Y  S  Q  U  A  R  E  A
I  N  T  E  G  E  R  S  Q  Y  S  C
U  C  I  E  S  T  I  M  A  T  E  T
J  G  I  S  O  S  C  E  L  E  S  O
J  T  S  C  A  L  E  N  E  R  T  R
T  J  E  X  P  O  N  E  N  T  D  C
```

INVERT	ISOSCELES	SCALENE
EVEN	INTEGERS	SPHERE
FACE	EXPONENT	FACTOR
SUM	ESTIMATE	SQUARE

GARDEN

J V I N E S P A C E T G

B E N E F I C I A L R A

P S E E D I N G N Y U R

N Z H A R V E S T K N D

H Y B R I D N P F U K E

T A T T R A C T I V E N

V A R O M A G A N T S G

X Z Z F P E S T S A K V

SPACE	ATTRACTIVE	GARDEN
TRUNK	BENEFICIAL	HYBRID
ANTS	HARVEST	AROMA
VINE	SEEDING	PESTS

SPORTS

```
P S C O R E B O A R D A R D B
L G Y M N A S T I C S S S
A A B I L L I A R D S T
Y G O L F I N G T F J R
E P H S U R F E R V Z O
R T G Y M N A S I U M K
F G O L F E R P L A Y E
Y C T G Y M N A S T D A
```

STROKE	SCOREBOARD	GYMNAST
PLAYER	GYMNASTICS	GOLFING
SCORE	BILLIARDS	SURFER
PLAY	GYMNASIUM	GOLFER

Conclusion

Thank you again for buying this book!   I hope you enjoyed with my book. Finally, if you like this book, please take the time to share your thoughts and post a review on Amazon. It'd be greatly appreciated! Thank you!

Next Steps
– Write me an honest review about the book –
I truly value your opinion and thoughts and I will incorporate them into my next book, which is already underway.

Get more free bonus here

www.funspace.club
Follow us : facebook.com/funspaceclub

Send email to get answer & solution here : funspaceclub18@gmail.com

Find us on Amazon

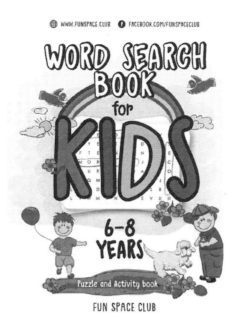

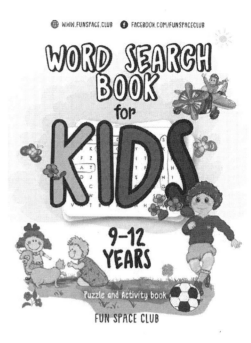

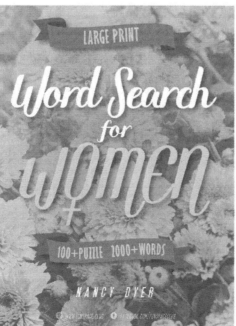

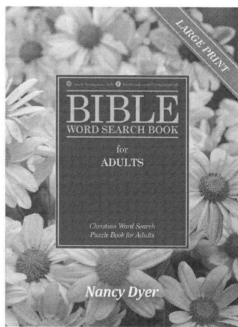

Find us on Amazon

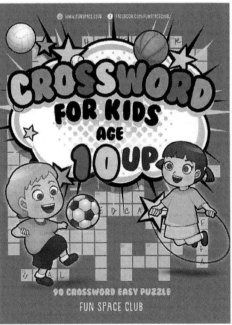

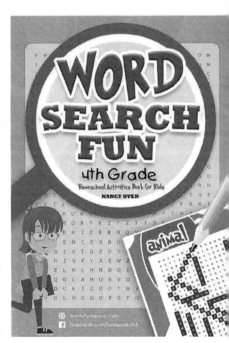

78419183R00040

Made in the USA
Middletown, DE
02 July 2018